高千穂鉄道

栗原隆司

海鳥社

325
トンネルの駅
天岩戸神社
岩戸川
国見ケ丘
高千穂
高千穂神社
天岩戸
218
高千穂橋梁
雲海橋
高千穂峡
大平山トンネル
日之影川
戸川集落
戸川岳
深角
天狗山トンネル
烏帽子岳
影待
青雲橋
第2日之影トンネル
丹助岳
綱ノ瀬川
比叡山
天神山公園
日之影温泉
第4五ヶ瀬川橋梁
高城山
諸塚山
218
吾味
日向八戸
槇峰
第3五ヶ瀬川橋梁
干支大橋
早日渡
天馬大橋
亀ケ崎
第2五ヶ瀬川橋梁
真弓岳
崘出山
速日の峰

扉写真＝吾味－日之影温泉

高千穂鉄道
目　　次

コラム

至小倉
日向長井
北川
曽木川
行縢山
北延岡
388
日豊本線
霧子山
本東寺卍
西延岡
延岡
218
城山公園
10
上崎
川水流
曽木
吐合
日向岡元
細見
行縢
南延岡
愛宕山
五ヶ瀬川
第1五ヶ瀬川橋梁
烏帽子岳
旭ヶ丘
土々呂
至宮崎

五ヶ瀬川［吾味ー日之影温泉］

第２五ヶ瀬川橋梁［亀ヶ崎－槙峰］

第１五ヶ瀬川橋梁［川水流－上崎］

神　宿　る　眺　望

高千穂－日之影温泉◆12.4キロ

高千穂橋梁［深角－天岩戸］

昭和47（1972）年に開業のこの区間は，鉄橋とトンネルで結ばれた若い区間です。平成17年の台風でも被害がほとんどなく，復活の原動力となりました。

高千穂《たかちほ》駅を出発した列車は勾配をゆっくりと下り，大きく右にカーブして最初の停車駅，天岩戸《あまのいわと》駅に到着します。駅名の由来の天岩戸神社はこの駅からかなり離れており，入口駅という位置づけです。

この駅発車直後に渡り始めるのが，お待ちかね，高千穂鉄道最大の見せ場，日本一の高さを誇る高千穂橋梁です。あまりの高さに車内から歓声が上がります。いかにも神話のふる里という印象の山なみも左右に一望できます。トロッコ列車なら，開いた窓を澄んだ風が吹き抜けていきます。減速して，あるいは橋梁上に一旦停車して，全長352メートルの高千穂橋梁の眺望をたっぷりと堪能すれば，2938メートルの長大トンネル，大平山トンネルに吸い込まれます。

これから日之影温泉《ひのかげおんせん》駅までは天狗山トンネル，第一影待トンネル，第二日ノ影トンネルなどの長大トンネルや短い鉄橋の連続で，途中駅の深角《ふかすみ》，影待《かげまち》の両駅とも山腹のわずかなスペースに設置されています。

日之影温泉駅が近づけば，線路は山の中腹から次第に高度を下げます。これまではトンネルとトンネルの間に，チラっと遙か眼下に五ヶ瀬川の流れを眺めていたのですが，日之影温泉で線路は五ヶ瀬川に寄り沿います。

高千穂橋梁［深角－天岩戸］

幻の鉄道路線

高千穂鉄道は，宮崎県延岡市，北方町，日之影町，高千穂町の１市３町を通り，延岡と高千穂間をちょうど50キロで結ぶ第三セクター鉄道で，五ヶ瀬川に沿い，谷あいを縫うように走る，車窓風景に恵まれた路線でした。

高千穂鉄道高千穂駅は開業当初から下り列車の終点，終着駅です。これは鉄道建設が延岡側から始まり順次延伸されていった経緯によります。延岡がこの鉄道の起点です。

今回は，復活の決まった区間で，日本一の鉄橋など見せ場も多い高千穂側から，五ヶ瀬川の流れに沿い下るように高千穂鉄道物語の話を始めたいと思います。

ひとつのホームに２本の線路が行き止まった終点，車両基地や高千穂鉄道本社のあった高千穂駅は，高千穂の街の中心を外れ，坂道を登り切った高台の上のちょっと不便な場所にあります。実は，この先に，熊本県の立野とを結ぶ計画があったのです。

昭和47年の高千穂までの開通後には延長工事が開始され，実際には７キロ近く先までトンネルや高架橋の工事が完成し，あとはレールを敷くばかりでした。しかし，この後の赤字ローカル線問題で建設は中止，幻の鉄道路線となってしまったのです。

今，高千穂－高森間の未成線の遺構の一部，葛原トンネル（1115メートル）が，高千穂の麦焼酎「くろうま」の貯蔵庫になっています。ここが，観光物産館「トンネルの駅」として整備されていて，このトンネルの様子を見学することができます。

高千穂駅から約２キロほどの距離で，車で５分くらい。高森方面に向かう国道325号線の右脇にＳＬが未成線高架橋跡に鎮座していますので，すぐに分かります。

なお，高森側も高千穂に向け工事が始まっていて，高森トンネルが掘削中でした。こちらも途中まで掘り進んだトンネルを利用し，「湧水トンネル公園」として人気です。南阿蘇鉄道高森駅のすぐ近くです。

高千穂駅と車両基地全景。この奥へ線路が延伸されるという夢は実現しなかった

高千穂鉄道本社前にある古民家「千木の家」

車両に愛情を込めて手洗いの洗浄が行われる

朝の通学風景。かつては大勢の高千穂高校生が下車した

終点，高千穂に到着。今日は，あいにくの雨模様

トンネルの駅《とんねるのえき》

未成線高架橋に鎮座する蒸気機関車ハチロク8620形。この48647はお召し列車の牽引という栄光の経歴を持っている

元高千穂鉄道車両ＴＲ300形。今はレストランカー「きっ茶ポッポ」となり，車内で食事ができる

トンネル貯蔵庫入口（左）。麦焼酎「くろうま」は併設の観光物産館でも販売。試飲も可

トンネル内に長期貯蔵される「くろうま」の樽が5000本（下）。年間を通して一定の湿度70％や温度17℃が貯蔵に適しているそう

高千穂神社境内の杉林

高千穂散策

高千穂駅から西へ，標高513メートルにあるのが，神武天皇の御孫タケイワタツノミコトがこの丘から国見したとの伝説が残る国見ヶ丘です。

丘に登れば遙か高千穂の幾重もの嶺々が一望され，秋の冷え込んだ夜明けには，高千穂盆地を覆う雲海が見られる名所でもあります。西には遠く根子《ねこ》岳など阿蘇五岳が見渡せ，それがお釈迦様が横たわった姿に似ていて，別名「阿蘇の涅槃像」と呼ばれています。

五ヶ瀬川の上流に当たる高千穂峡は，断崖絶壁の神秘的な幽谷の下を澄明な水が流れ，季節感が豊かです。阿蘇溶岩を五ヶ瀬川が浸食して生まれた柱《ちゆう》状節理《じようせつり》などがそそり立つＶ字型渓谷の美観で知られ，国の名勝および天然記念物にも指定されています。遊歩道が整備されており，この美しい迫力ある景観をゆっくり歩いて楽しむことができます。

そして，高千穂と言えば天孫降臨の神話のふる里，夜神楽《よかぐら》の町です。「古事記」，「日本書紀」には，ニニギノミコトが高千穂に天降りされたとあります。高千穂18郷88社の総社の高千穂神社では，樹齢800年の秩父杉や鬱蒼と茂る杉の大木の空間を，ゆるやかに時間が流れます。境内にある神楽殿では，夜に奉納される夜神楽を楽しむこともできます。

例年11月から２月にかけて町内19か所の神楽宿で行われる高千穂の夜神楽。ある日，「今夜，夜神楽だから来ませんか？」と，少しお話しただけなのに初対面の私を招待してくださいました。温かいもてなしの心に触れて，気持ちも暖まった高千穂町でした。

高千穂神社の朝，巫子さんが境内を清める

高千穂駅前の公衆電話

絶景の国見ヶ丘

高千穂峡では，深い渓谷をボートで遊覧することができ，高千穂峡に流れ落ち「日本の滝100選」にも選ばれた真名井の滝のすぐ横まで行ける

高千穂橋梁《たかちほきょうりょう》

下を流れる岩戸川からの高さが105メートル，鉄道橋日本一の高さを誇ります。観光トロッコ列車「神楽号」に限らず，ほとんどの列車が徐行して，天空の車窓の旅をプレゼントしてくれます。鉄橋の奥が天岩戸駅

右ページは高千穂橋梁の四季

天岩戸駅に停車中。長大トンネル内の湿気の影響で窓が曇る

サロンカーから高千穂橋梁の眺望を満喫！

高千穂橋梁に夕暮れが迫る

高千穂橋梁 4 態

天岩戸駅に減速して進入する。右手でブレーキ操作

各駅の到着出発，通過時間が分かる運転時刻表。
右は通票閉塞時代に必ず携行されたタブレット

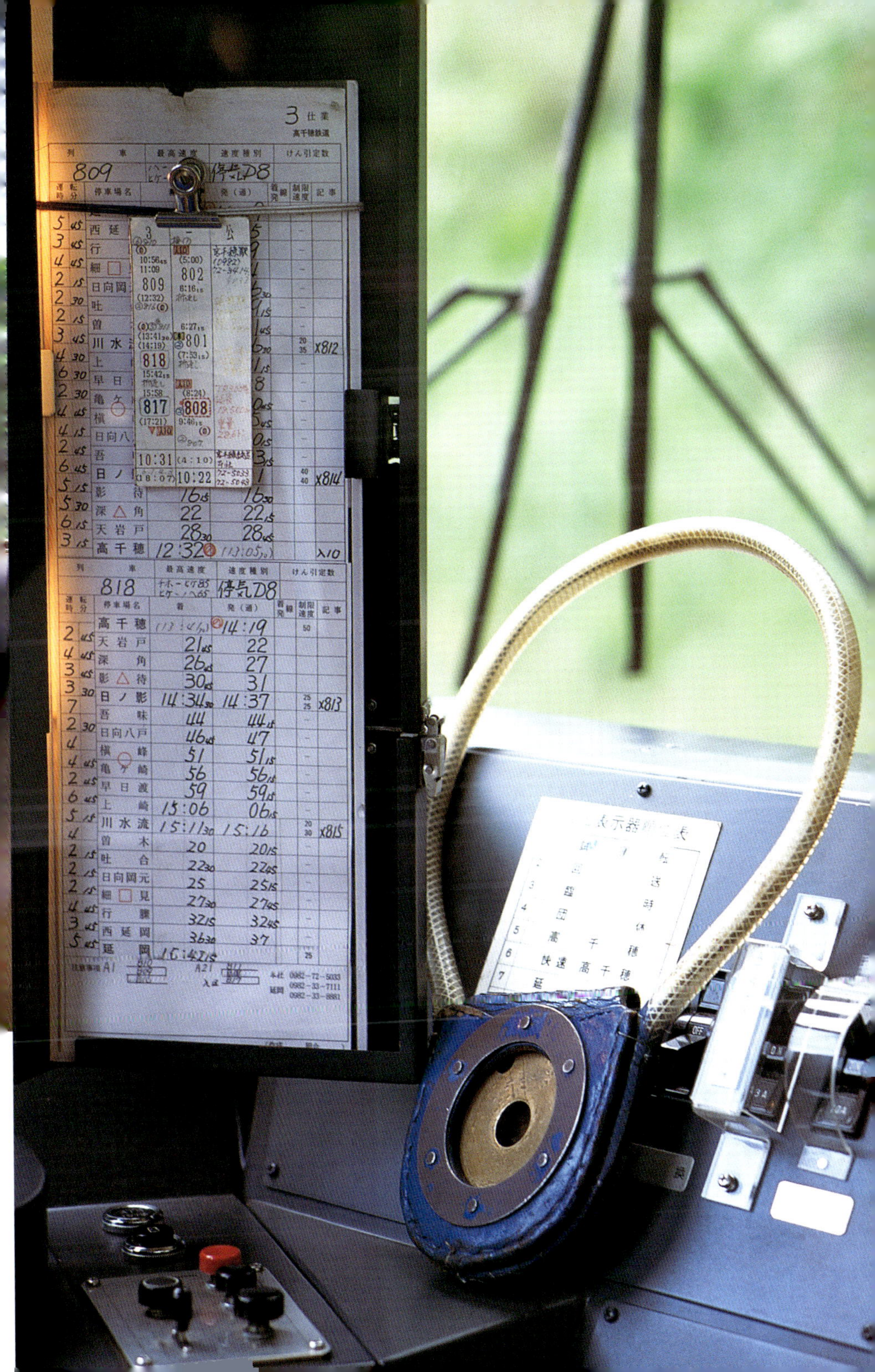
3 仕業
高千穂鉄道
列車
最高速度
速度種別
けん引定数
809
停車場名
着
発（通）
記事
x812
x814
高千穂 12:32
818
停気D8
高千穂 14:19
天岩戸 21 22
深角 26 27
影待 30 31
日ノ影 14:34 14:37 x813
吾味 44 44
日向八戸 46 47
槇峰 51 51
亀ケ崎 56 56
早日渡 59 59
上崎 15:06 06
川水流 15:11 15:16 x815
曽木 20 20
吐合 22 22
日向岡元 25 25
細見 27 27
行縢 32 32
西延岡 36 37
延岡 15:42
0982-72-5033
0982-33-7111
0982-33-8881
表示器

高千穂鉄道の車両たち

第三セクター高千穂鉄道では，全部で９両のディーゼルカーが活躍していました。２両のトロッコ車両，一般車５両，イベント対応車２両がその内訳でした。朝夕に２両以上が連結される以外，日中は１両のみで走っていました。

ＴＲ100形は５両。全長16.3メートルの可愛いディーゼルカーで，高千穂鉄道の主力車両です。第三セクター化された平成元年の創業時からの車両です。

ＴＲ100形101は「しろやま」，102「わかあゆ」，103「ひえい」，104「せいうん」，105「かりぼし」と沿線にゆかりの愛称がつけられています。車内はドア付近がロングシートのセミクロスシート車です。

２両のＴＲ200形も創業時からの車両で，同じく16.3メートル車ですが，イベント対応車ということで，テレビモニターやカラオケ装置などＡＶ機器を搭載しています。車内はオールクロスシートです。普段はＴＲ100形と区別なく運転されていました。

ＴＲ200形201は「かぐら」，202は「うんかい」の愛称です。

指定席快速「たかちほ号」用に平成

高千穂鉄道の車両
ＴＲ400形（左）
ＴＲ300形（上右）
ＴＲ200形（上左）
ＴＲ100形（右）

５年に登場したのが，ＴＲ300形301と302の２両です。これまでの車両がフロントマスクに扉を持つ貫通型スタイルだったのに対し，非貫通型のパノラマタイプとなりました。車内にコの字形のサロン式のシートが設けられていました。新しい車両でしたが，トロッコ車両の登場で早くも平成15年には余剰廃車となり，現在は高千穂駅が最寄りの「トンネルの駅」で，車内で食事ができるレストランカー「きっ茶ポッポ」として余生を送っています。

そして平成15年から走り始めた最新車両が「トロッコ神楽号」に使用される全長18.5メートルのＴＲ400形で，黄色塗色が401「手力《たぢから》雄《お》」の車両愛称，モスグリーン塗色が402「天鈿女《あまのうずめ》」です。ダブルルーフやアーチ状の側窓などレトロ調車両です。車内は高千穂産のケヤキから作られた椅子とテーブルが並んでいます。客室はオープン窓ですが，雨天時や冬季はガラス窓を取り付けます。冷房装置もあります。

「神話高千穂トロッコ鉄道」にもこれらの車両が譲渡されますが，トロッコ車２両と一般車２両が当面の必要車両なので，余剰の５両の今後が心配です。

深角 ふかすみ

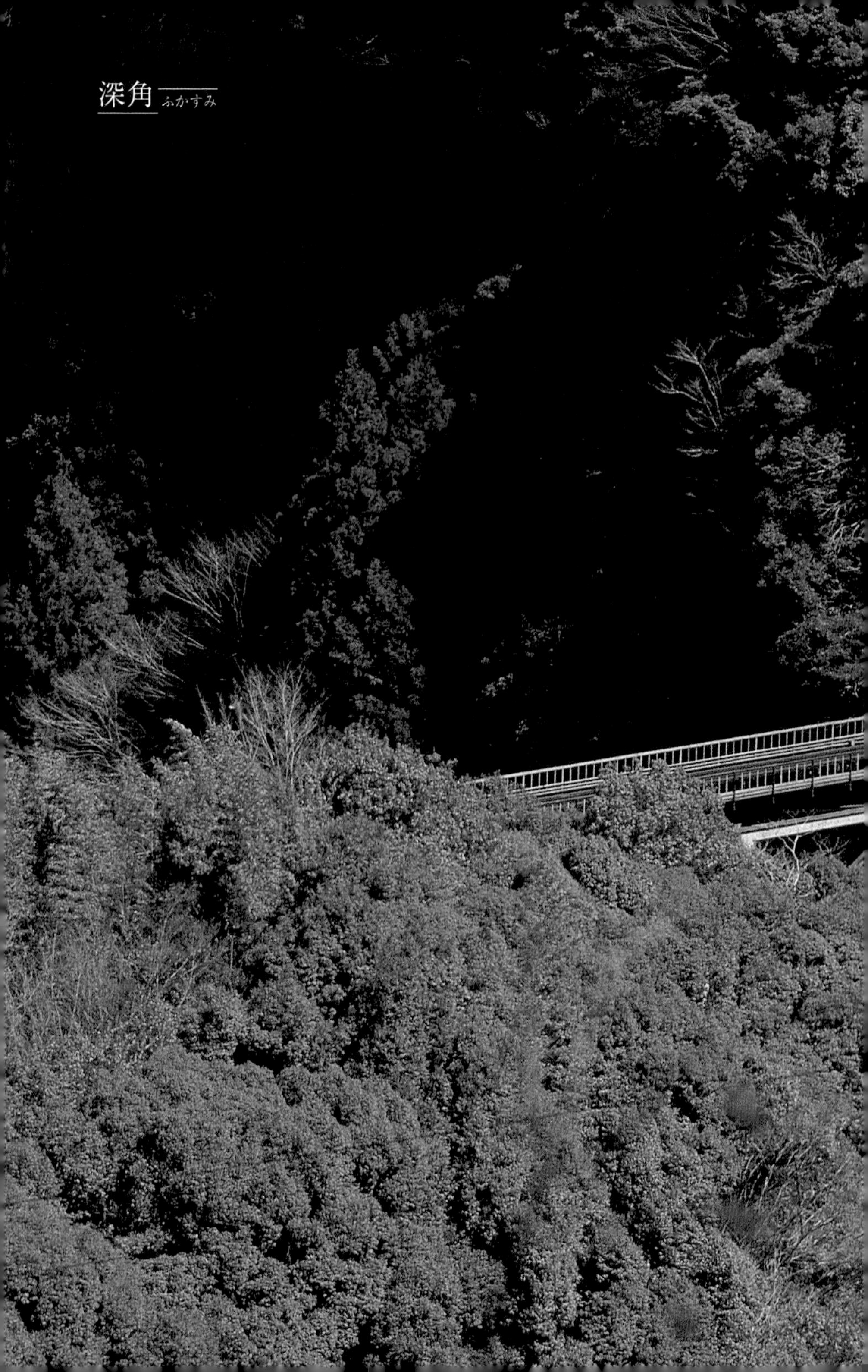

五ヶ瀬川に合流する幾筋もの支流の深い谷間や沢も，鉄橋で一気に跨ぎ越す。光と影のコントラストが美しい［影待－深角］

イラスト入りの深角駅名標。牛たちも運転再開を喜ぶよう

山間にも線路は続く［影待－深角］

日之影川の緑の風を受け鯉のぼりが泳ぐ中，快速「たかちほ号」が駆け抜ける［日之影温泉－影待］

影待《かげまち》

支流を高く跨ぎ越す。澄んだ秋，飛行機雲が横切った［日之影温泉－影待］

日ノ影川を渡れば日之影温泉駅もすぐ。国道218号線の道路橋，高さ137メートルの青雲橋が見下ろす［日之影温泉－影待］

山影の谷底に五ヶ瀬川と仲良く日之影温泉駅がたたずむ

川と橋の旅

日之影温泉－川水流◆20.5キロ

これからは，五ヶ瀬川も間近に川と戯れる旅の始まりです。この区間は昭和10年代の開通のため，大きく蛇行した五ヶ瀬川に沿い，地形に忠実にカーブを繰り返して走ります。

日之影温泉を出てしばらく行くと，まず第４五ヶ瀬川橋梁で五ヶ瀬川を渡ります。吾味《ごみ》駅まで人家はまったく見えず，川と山だけです。尾根伝いの神話街道，国道218号線から見下ろすと，深い谷間を行くディーゼルカーの姿は自然に溶け込み，絵画の世界そのものです。季節で，天候で，いろんな表情を見せてくれます。

吾味を出発直後に渡るのが，左にカーブした第３五ヶ瀬川橋梁です。中央部がトラス鉄橋，両端がコンクリート橋と珍しい構造です。

まとまった集落のある日向《ひゅうが》八《や》戸《と》駅の次が，槇峰《まきみね》です。この駅のすれ違い設備は国鉄時代に撤去されていましたが，列車増発のため，高千穂鉄道の手で復活しました。そして，この槇峰駅まで平成19年度には復旧再延長の予定だそうですから，また川のそばを走る姿が見られるようになります。美しい区間なので再開通が楽しみです。

槇峰を出ると，綱ノ瀬川を越えるコンクリートアーチ橋をはじめ，美しいコンクリート橋が連続します。そして大きく右カーブした美しい鉄橋，第２五ヶ瀬川橋梁が現れます。この先，小さな無人駅，亀ヶ崎《かめがさき》，早日渡《はやひと》，上崎《かみざき》と続きます。左手はずっと五ヶ瀬川です。川水流《かわずる》に到着する寸前に五ヶ瀬川をほぼ直角に渡るのが，長さ120メートルほどの第１五ヶ瀬川橋梁です。

五ヶ瀬川本流のほかにもたくさんの支流を跨ぐため，高千穂鉄道には大小103か所もの橋梁があり，総延長3.8キロ，全体の7.6％に当たり，これは大きな割合です。

第3五ヶ瀬川橋梁を渡る快速「たかちほ号」［日向八戸－吾味］

日之影温泉 ひのかげおんせん

日之影温泉駅のイラストは露天風呂に青雲橋。高千穂鉄道は全線単線。ここは高千穂からの最初の列車行き違い可能駅で，ほとんどの時間帯に上下列車がすれ違う

日之影温泉駅全景。１階は喫茶とおみやげ販売スペース。２階が温泉施設と休憩コーナー

日之影温泉駅の２階の露天風呂から立ち上がれば，駅の様子もよく分かる

日之影温泉駅ですれ違った上下列車がそれぞれの方向へと走り去る［吾味―日之影温泉］

すれ違い駅ではタブレットの交換が行われていた

車内では，思い思いに小さな旅を楽しむ。絶景に目を奪われたり，楽しいおしゃべりをしたり，心地よいリズムにまぶたが重くなったり

石垣の村・戸川集落

日之影は山の斜面や谷底に集落が点在する，深く険しい山里です。日之影温泉駅から日之影川に沿って羊腸の道をさかのぼること約８キロ。戸川の集落は，石の蔵，石組みの棚田と，石に覆われています。ここには大自然と共生する山の暮らしがありました。

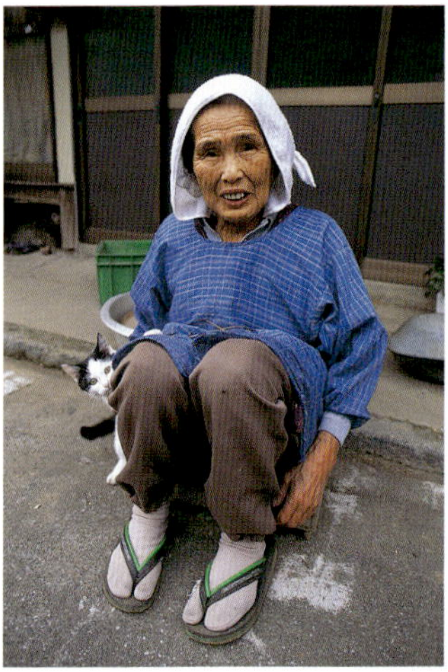

段々畑にも季節が巡る

天神山つつじ公園は，日之影温泉駅から山を登り高千穂寄りの高台の上にあります。34ページの俯瞰写真は，この近くからのものです

日之影温泉駅から高千穂側を見る（右の３枚も含め，すべて平成17年９月22，23日撮影）

台風の衝撃

平成17年９月６日に九州地方を台風14号が襲いました。この台風はスピードが遅く，九州山地の東側斜面の地域に，降り始めからわずか３日ほどで１か月分にも匹敵する1000ミリ以上という大雨をもたらしたのです。

高千穂鉄道では，まず最初に日之影温泉駅に五ヶ瀬川の濁流が押し寄せました。川側のフェンスはなぎ倒され，信号ケーブルも剝き出しです。周辺集

吾味側の護岸崩落

日之影温泉から１キロ以上にわたって線路が波打ち，
ここで大きく道床がえぐられている

日之影温泉駅全景

落はみな１階が水に浸り，対岸では山津波で家屋の倒壊もありました。ただ，幸い日之影温泉駅舎は線路よりやや高い位置にあって間一髪難を逃れ，駅舎内にある温泉を災害後２日目には被災の人たちに解放したそうです。下流の吾味側へも被害は続きます。

高千穂鉄道は五ヶ瀬川を４回渡りますが，下流に行くに従い，さらに増水し，威力を増していったのでしょう。上流から２つの橋梁はなんとか持ちこたえたのですが，下流の２つの橋梁が破壊されてしまいました。高千穂鉄道全体の被害は，第１五ヶ瀬川橋梁および第２五ヶ瀬川橋梁の流失をはじめ，道床流失82か所，築堤崩壊が64か所，土砂流入と路盤流失がそれぞれ９か所と，各所で線路は寸断。その被害は甚大です。復旧費総額は26億3600万円余と見積もられました。

第4五ヶ瀬川橋梁《だいよんごかせがわきょうりょう》

鉄橋に残された大量の流木が，当時の五ヶ瀬川の大増水とその勢いの凄まじさを物語る
[吾味－日之影温泉，平成17年9月23日撮影]

美しき五ヶ瀬川と緑濃き山々に，早くも
山影が忍び寄る［吾味－日之影温泉］

浅き春から光萌える新緑の時へと，季節の移ろいと五ヶ瀬川の流れに身を任せ，
１両ぽっきりのディーゼルカーがトコトコと下っていく［吾味ー日之影温泉］

吾味《ごみ》

かわいいトンガリ屋根の待合室を持つ吾味駅を出発進行！
ここも無人駅。さっき渡ってきた第３五ヶ瀬川橋梁も見える

今日は団体客があり，大増結の 4 両編成［吾味－日之影温泉］

列車が行ってしまえば，次の時間まで静寂な刻が流れるのみ［吾味］

高千穂線全通30周年のヘッドマークを掲げて走る，ＴＲ300形快速「たかちほ号」［吾味－日之影温泉］

第3五ヶ瀬川橋梁《だいさんごかせがわきょうりょう》

秋，川面を乳白色の川霧が流れる［日向八戸－吾味］

第３五ヶ瀬川橋梁を渡る［日向八戸－吾味］
お昼時の日向八戸駅（下）

吾味駅を発車直後に渡る第3五ヶ瀬川橋梁。中央部が上路のトラス鉄橋，両端がコンクリート橋という珍しい構造の橋を，1両だけで行く「トロッコ神楽号」

災害後，下流の八戸ダムの水が抜かれ，第３五ヶ瀬川橋梁の景観が変わった
（平成17年11月18日撮影）

槇峰《まきみね》

70年近く風雪に耐えたコンクリートアーチ橋が連なる。五ヶ瀬川に注ぐ綱ノ瀬川を上流へさかのぼれば，高千穂鉄道車両の愛称「ひえい」の元，岩肌の露出した比叡山がある。頭上に見えるのは国道218号線の槇峰大橋［亀ヶ崎－槇峰］

五ヶ瀬川の岩場に高千穂鉄道のコンクリートアーチ橋がへばりつく。スペースを必死に確保し，昭和の初めの鉄道工事は延伸されていったのだろう

つかの間の出会いと別れ，列車が到着すると駅は華やぐ［槇峰］

第2五ヶ瀬川橋梁《だいにごかせがわきょうりょう》

いつものようにディーゼルカーが行き来し，当たり前のように対岸へと渡る［亀ヶ崎ー槇峰］

台風通過後の第２五ヶ瀬川橋梁の様子。橋脚は折れ，
橋桁はちりぢりに水没……（平成17年９月23日撮影）

第２五ヶ瀬川橋梁付近の五ヶ瀬川の蛇行の様子。左の橋は道路橋

早日渡《はやひと》

真っ赤な国道橋，千支大橋の下をくぐる。なんとも象徴的なシーンだが，こちらは川の流れが友達［早日渡－亀ヶ崎］

小さな沢も細いコンクリート橋で渡っていく［早口渡－亀ヶ崎］

天馬大橋から下を望めば，五ヶ瀬川の林間を行く高千穂鉄道線。
ここは駅間が一番長く，ちょうど5キロ［上崎－早日渡］

千支大橋の下を「トロッコ神楽号」が通過する。五ヶ瀬川の水は澄み，この高さなのに魚影も見える［早日渡ー亀ヶ崎］

第1五ヶ瀬川橋梁《だいいちごかせがわきょうりょう》

川水流の鮎やなを見て，第1五ヶ瀬川橋梁を単行気動車が静々と通過していく［川水流ー上崎］

第１五ヶ瀬川橋梁取りつき部，上崎側の災害前後。鉄橋までは100メートルはありそうだが，線路は引きちぎられていた。水のとてつもない破壊エネルギーが恐ろしい［川水流－上崎，平成17年９月23日撮影］

第１五ヶ瀬川橋梁。橋脚は折れ，橋桁はネジ曲げられて，レールは下流へ大きく押し流されて水没……（平成17年９月23日撮影）

猫の散歩道［川水流］

夢と笑顔を乗せて

川水流－延岡◆17.1キロ

神楽面をつけた「トロッコ神楽号」[行縢－細見]

川水流で反対列車と行き違い，昭和10（1935）年，最初に開通した最終区間へとディーゼルカーは踏み出していきます。

大きく蛇行する五ヶ瀬川を一旦離れ，トンネルをくぐり曽木《そき》駅へ。支流の曽木川に沿って下れば吐合《はきあい》で，ここで五ヶ瀬川と再会します。次の日向岡元《ひゅうがおかもと》もすれ違い可能駅ですが，ここも五ヶ瀬川の氾濫で道床流失などの被害が出ました。

細見《ほそみ》駅を過ぎると，五ヶ瀬川からやや離れ，丘陵の切通しを走る感じになります。次の行縢《むかばき》は有名な超難読駅。西延岡《にしのべおか》駅を発車すれば，次が終点，延《のべ》岡《おか》ですが，線路は市街地を避け，北側へと短いトンネルをくぐり迂回します。

先に橋の話をしたので，今度はトンネルの話を。トンネルは全部で22か所，総延長10.2キロ。高千穂側に長大トンネルがある関係で，全線の５分の１に当たる20.4%がトンネル区間という高い比率です。

延岡はＪＲ日豊本線への連絡駅です。今，ここにＴＲ100形102「わかあゆ」が１両だけ取り残されています。またいつの日にか仲間たちとの再会が叶うことを願っています。

谷あいの早い夕暮れ［早日渡－亀ヶ崎］

川水流《かわずる》

第三セクター化されて間もなくのころ，駅長さんも駅員さんもいた時代。お客さんは出札窓口で切符を買い，到着する列車を待つ。駅構内には腕木式信号機が残り，駅長さんが信号テコを扱い，すれ違う上下列車間ではタブレットの交換をする

延岡
ワンマン
かぐら
高千穂
ワンマン
ひえい

今にも列車が走ってきそうです。駅舎も清掃されたのでしょう，綺麗です。しかし誰もいません。お客さんもやってきません。錆びた線路と道床に積もった土が，すべてを物語っています。コスモスが何事もなかったように秋の日差しを浴び，咲き誇っていました。列車が，お客さんが帰ってくる時はやってくるのでしょうか？（平成17年９月23日撮影）

かわずる
川水流
KAWAZURU
かみざき
KAMIZAKI
そ き
SO KI

行縢《むかばき》

駅名イラストは行縢山

のんびりと到着する列車を待つ。駅の桜が咲き，美しく華やいだ季節に列車がいる風景。これにまた出合えるだろうか？

高千穂
ワンマン
せいうん
TR-104

西日を真正面に受け，今日もいつものように走り続ける［行縢－細見］

西に傾く落日を追いかけて，延岡からの帰宅列車が到着する［細見－日向岡元］

みんなの笑顔《みんなのえがお》

高千穂鉄道の車内，駅，ホームにも，
たくさんの笑顔があふれていた

西延岡駅のイラストは本東寺の
慧日梅と若鮎と子どもの笑顔

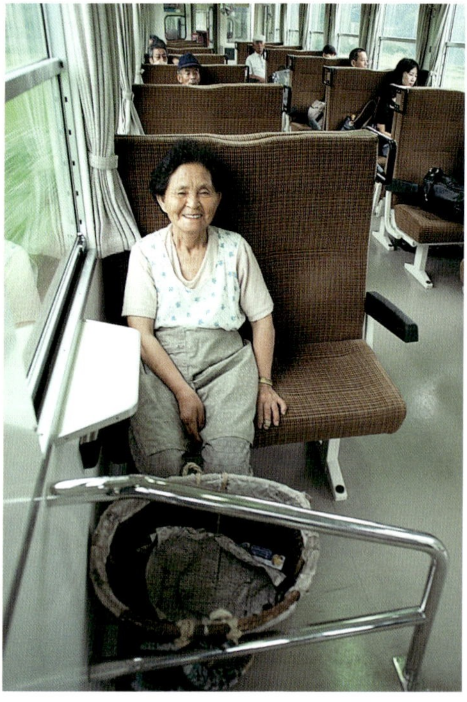

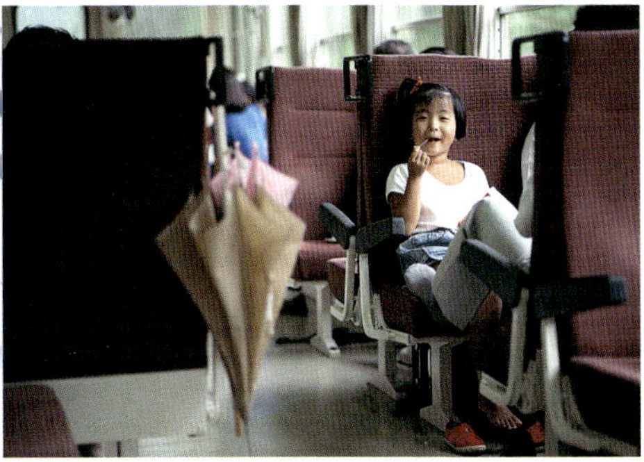

小児半額（但し端数は10円単位に切り上げ）
TR-102

延岡《のべおか》

朝の延岡に通学生らが降り立つ

高千穂鉄道は地元の重要な足だった……

ＴＲ高千穂鉄道延岡駅はＪＲ駅に隣接

延岡の市街地中心部を貫流する五ヶ瀬川の新しい夜明け。河原一面にコスモスの花が咲き乱れていた

日ノ影線，高千穂線のころ

国鉄・ＪＲ時代

高千穂橋梁を翔ぶ ［深角－天岩戸］

天孫降臨，神話のふる里を見渡して，高千穂橋梁を渡りきる［深角ー天岩戸］

高千穂鉄道の70年

高千穂鉄道の歴史は，昭和10（1935）年２月20日，延岡－日向岡元間11.6キロが鉄道省日ノ影線として開業した時に始まります。これは大正11（1922）年公布の改正鉄道敷設法で，延岡と熊本県の立野とを結ぶ鉄道の予定線になったことによります。現ＪＲ久大本線やＪＲ豊肥本線などに次ぐ九州横断線として計画されたのです。

当時の九州の鉄道網は，鹿児島本線，長崎本線，日豊本線といった幹線も全通し，国によって鉄道建設がさらにきめ細かく計画推進された時代でした。

日ノ影線より一足先の昭和３年２月12日には，熊本県側の立野－高森間17.7キロの高森線（現・南阿蘇鉄道）が開通しています。

歴史をさかのぼれば，明治29（1896）年には熊本－延岡間の鉄道敷設の運動が始まり，実際に熊本－高千穂－延岡間を結ぶ延熊《えんゆう》鉄道の敷設申請が出されたものの却下されるという出来事もありました。

日ノ影線の最初の区間が開通の後，順次，昭和11年11月12日，川水流まで開業，昭和12年９月３日，槇峰まで開業，昭和14年10月11日，日ノ影まで開業と，比較的短い期間に小刻みに路線が延長されていきます。これで昭和７年に着工された延岡－日ノ影間・日ノ影線37.6キロは全通ですが，この後は戦争の影響もあり，長い間，路線の延長工事は再開されませんでした。

現在も日之影温泉駅の近くにお住まいの川崎ミツ子さん（72歳）は，小さかったのでよく覚えていないと断りながらも，日ノ影開業の日のことを話してくれました。

「あの日は大勢の人が集まってね。お茶を運んだことを覚えているよ」

「ここで蒸気機関車が入れ換え作業しててね」

『日之影町史』の編纂に携わった郷土史家の森重信行さん（78歳）は，永く日之影郵便局にお勤めだったそうです。

「谷スジには細い未舗装のデコボコ道をバスが走ってはいたけど。画期的な出来事だったよ。それまで五ヶ瀬川の川舟で物資の輸送が行われていたから」

「延岡への人の移動が便利になっただけでなく，木炭や椎茸など山の産物の運搬，また槇峰や日之影の奥の見立《みたて》に錫《すず》などの鉱山があり，これらの鉱産物の運搬に鉄道が威力を発揮することになったんだ」

突然のご自宅への訪問にもかかわらず，たくさんのことを教えていただきました。

『日之影町史』は，当時の宮崎新聞が開業の日を次のように伝えたと紹介しています。

◆

「文化の汽笛高らかに　鐵輪晴れやかに快転

まだ日ノ影線時代だったころ，延岡駅をC12形蒸気機関車に牽かれて
日ノ影行き貨物列車が出発していく［延岡，昭和46年4月17日撮影］

県北大衆の熱望遂に報いられ十一日爽涼の秋！　稔る山の幸を縫って国鉄日ノ影線の処女列車は県北の山野を上り午前五時十五分日ノ影駅を下り午前五時五十分延岡駅をひた走りに文化の汽笛も高らかに祖国日向の交通史に画期的鉄輪の跡を印して発車したのだ。

……五ヶ瀬川一杯にはらんで或いは岸嚙む激流狂奔するあたり或いは碧眼よどむ深淵を横断する一大観光沿線としても捨て難い展望一時間有余を満喫して終点日ノ影駅に下車。

ここでも地元協賛会では一千有余の来賓を迎えて熱況駅前広場における大会場において神式による式典を厳かに執行した。

……駅から日ノ影街に至る数町の間に点々と園遊会式にあるいは酒店をあるいはすし店をあるいはおでん店あるいはおはぎ店を等々，各種婦人会員達が出動して純白のエプロンに歓喜に高鳴る血潮を秘めてサービスし，一方余興場においてはあるいは郷土舞踊を，神楽をあるいは旗行列を街から村落へ終日煙火を沖空にさく裂させてどよめく歓天喜地の祝賀風景を展開するにいたった。

尚この日地元では我らの足日ノ影線

特急「富士」はディーゼル機関車ＤＦ50の牽引。東京と西鹿児島の間を24時間以上かけて走っていた［日豊本線・土々呂，昭和46年４月17日撮影］

が四十有七年の渇望成って完通した日だと云うので遠近の村落から押しかけた村の人々が日ノ影街に押し寄せ夜を徹してひしめき合い未曾有のドンタク騒ぎを展開した」

◆

戦時中の昭和19年から，14歳で南延岡機関区の機関助手として日ノ影線に乗務した興梠正光さん（75歳）からは，

「石炭が粗悪でね。蒸気圧が上がらず体力がなくて，それはきつかったよ。Ｃ12形蒸気機関車が55番，93番，186番の３台がおってね」

「延岡からの下り列車が正向きで，日ノ影からの帰りがバック運転。客車１両に貨車が２，３両の混合列車やったな」

と，記憶が不鮮明と言いながらも，つい昨日のことのように教えていただきました。今も町営バスの運転士としてお元気に働いておられます。

◆

終戦後の昭和22年に始まった地元の鉄道延伸運動でしたが，長い時間が経った昭和37年に，ようやく日ノ影－高森間が建設線となり，昭和41年１月に工事が始まります。日ノ影までの開通から33年のブランクを経て，昭和47年７月22日，日ノ影－高千穂間12.4キロが新規開業しました。

本線でも，ローカル列車は，まだＤ51形蒸気機関車が牽引。客車と貨物を併せた混合列車で運転されていた［日豊本線・日向長井－北延岡，昭和49年３月18日撮影］

一番記念列車を迎える高千穂駅で小旗を振る鈴なりの人々の様子が，宮崎日日新聞社の『写真集　宮崎100年』に掲載されており，地元の喜びの大きさが伝わってきます。これを機に延岡－高千穂間50.1キロは，戦後発足の日本国有鉄道，国鉄「日ノ影線」から国鉄「高千穂線」に改称されています。

この当時の運転は日ノ影折り返しが２往復。高千穂まで全線を走破するのは，１日５往復のディーゼルカーのみでした。各地のローカル線でよく見られた朝夕に運転が集中する方式です。以後，国鉄末期，ＪＲ化後も，運転本数は多少の増減のみで推移しています。

◆

昭和48年から高千穂－高森間22.9キロも建設工事が本格化し，７キロ近くは路盤工事まで終了していました。しかし，昭和50年代に入ると赤字ローカル線問題が起こり，国鉄再建法の成立により，工事は昭和58年に中断。高千穂線も昭和59年６月に第二次特定地方交通線として指定されます。昭和62年４月１日には国鉄分割民営化でＪＲ九州の高千穂線となります。

◆

その後，九州の第三セクター鉄道では一番遅いグループに入る平成元（1989）年４月28日，宮崎県や沿線の

４市町などの出資で第三セクター「高千穂鉄道」に転換されます。この時に列車の運転も全線直通14往復に倍増。日中もほぼ１時間ごとの運転で，快速列車の運転も開始されています。

しかし，高千穂－高森間は，宮崎県と熊本県にまたがり，両県が第三セクター運営に積極的でなかったこともあり，工事再開を断念。幻の鉄道，未成線となりました。

ほかの第三セクター鉄道を見てみると，秋田内陸縦貫鉄道や三陸鉄道では，途中の新線建設を完成させ，それぞれ廃止予定線だった阿仁合《あにあい》線と角館《かくのだて》線，久慈《くじ》線と宮古《みやこ》線とを結び運営しています。

しかし，最後のチャンスを逃してしまい，延岡から高千穂を通り熊本へ至る九州横断鉄道の夢は，完全に，また永遠に断たれたのです。

結ばれるはずだった相手方の国鉄高森線も第一次特定地方交通線に指定され，昭和61年４月１日に第三セクター南阿蘇鉄道に転換されています。

◆

平成11年４月28日には高千穂鉄道開業10周年を迎えましたが，国鉄時代の昭和32年２月１日に延岡寄りから細見，吐合，上崎，亀ヶ崎，吾味の新駅開業以来，高千穂延伸での駅増以外に全く駅数が増えていないのも事実です。日ノ影駅が日之影温泉駅に改称したのみです。

沿線人口減，少子化による通学生減，車社会の高度化など，高千穂鉄道を取り巻く環境が次第に厳しくなってきていたのです。

◆

平成15年３月21日，１往復半の観光列車「トロッコ神楽号」の運転を開始。五ヶ瀬川の渓谷美に，日本一の高さを誇る高千穂橋梁の迫力で，年々，「トロッコ神楽号」の人気は上昇中でした。

そして高千穂鉄道の一番のかせぎ時，秋の行楽シーズンも間近の平成17年９月６日を迎えます。

台風14号による五ヶ瀬川の大増水，氾濫により，第１五ヶ瀬川橋梁，第２五ヶ瀬川橋梁の流失など，沿線各所に甚大な被害を受け，線路は寸断，全線で運休に追い込まれました。最初の開業から満70周年を迎えた矢先の出来事でした。

その後，復旧への検討が重ねられてきましたが，復旧費用や将来への見通しなどの理由で，平成17年12月には，ついに第三セクター鉄道での経営断念の結論が下されたのです。

◆

これで高千穂鉄道の命運も尽きたかに見えたのですが，明けて平成18年春，高千穂町などの地元の人たちの復活への熱意が実り，新会社「神話高千穂トロッコ鉄道」を設立。

まずは，高千穂－日之影温泉間に観光トロッコ列車４往復と，通学生らのために３往復の普通列車の運行を検討中です。

国鉄塗色のキハ20系気動車が延長開業間もない高千穂橋梁を行く［深角－天岩戸，昭和49年３月17日撮影］

キハ183系「オランダ村特急」（現在のゆふＤＸ）が高千穂
まで入線。このころの線路は１本だけだった［高千穂］

高千穂駅で出発を待つキハ20形普通列車

たかちほ
高千穂
TAKACHIHO
宮崎県西臼杵郡
高千穂町
あまのいわと
AMANOIWATO

かわずる
川水流
KAWAZURU
そき
SO KI
宮崎県
東臼杵郡
かみざき
KAMIZAKI

かわずる
川水流
KAWAZURU

ひのかげ
日ノ影
HINOKAGE
かげまち
ごみ
KAGEMACHI
GOMI

日ノ影駅
HINOKAGE STATION
オレンジカード

駅名改称前の日ノ影駅，木造の駅舎に駅長さんもいた時代。毎日決まった時間に列車はやってきた。ローカル線の小さな駅にも，いつものリズムが繰り返された

第4五ヶ瀬川橋梁を通過［吾味－日ノ影］

ジョイフルトレイン「ゆーとぴあ」を増結した列車が高千穂橋梁を渡る［深角－天岩戸］

五ヶ瀬川から幻想色の霧がわき立つ山へと，ゆっくりと這い上がる。轍の音も聞こえない［吾味一日ノ影］

綱ノ瀬川をコンクリートアーチ橋で渡る。頭上の槇峰大橋はまだ建設前［亀ヶ崎ー槇峰，60ページ参照］

五ヶ瀬川が逆光にキラキラ輝く刻［吾味ー日ノ影］

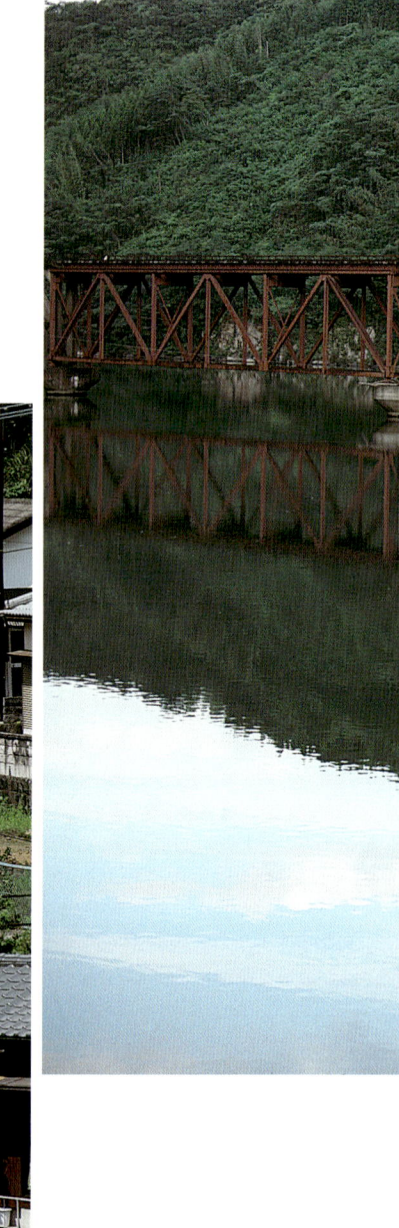

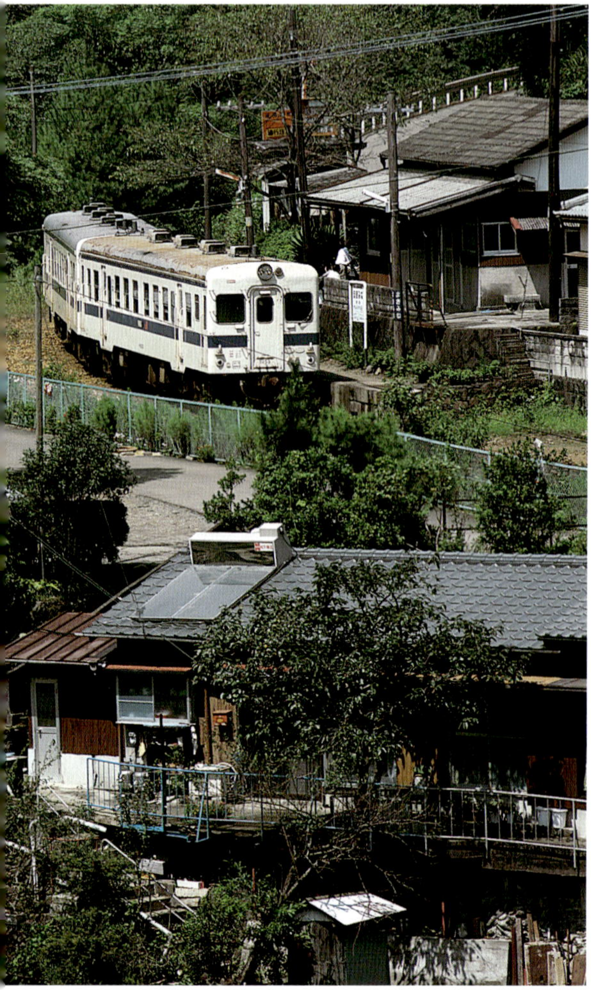

キハ20の普通列車が槇峰に到着した。手前の空き地は，貨物扱いなどのために広かった構内の証

ダム湖に我が身を映し，第３五ヶ瀬川橋梁を行く［日向八戸ー吾味］

川面を霧が漂う。光が遮断され，今朝の夜明けは遅かった［上崎ー早日渡］

高千穂鉄道のトロッコ列車「神楽号」が延岡へ向け走り去っていく。いつの日か，またここを走る姿を見てみたい［行縢ー細見］

カンバレ！
新生「神話高千穂トロッコ鉄道」

ついに新しい鉄道会社での高千穂鉄道の復活が決まりました。第三セクター鉄道による経営断念は，一時全線廃止も止むなしだったので，本当に嬉しく思っています。

高千穂鉄道の車窓は，それは素晴らしいものでした。緩やかに蛇行する五ヶ瀬川の流れに身を任せ，ゆっくりとゆったりと走っていました。碧く澄んだ渓谷に沢，岩を食む急流に緩やかな瀬，どこまでも続く深い森，そして重なり合い，立ちはだかる山々。これらのすべて，なにもかもが，高千穂鉄道の可愛い車両たちを，ずっと続く鉄路を，山影の小さな駅を，優しく，温かく包み込んでいました。

延岡から高千穂までの50キロを確実に１本に結んでいたレール。か細いながらも正確に轍を刻む鉄路，対岸へと確かに橋渡す様々な形の鉄橋。時間になれば，ちゃんとやってくるディーゼルカー。車内にも駅にも笑顔があふれていました。

春，夏，秋，冬。季節が巡ります。夜明け前に一番列車が働き始め，東の空から黎明の時に。賑やかな朝の通学生を送り出せば，次第に太陽の光が深い谷間のあちらこちらにも降り注ぎます。霧の時も，雨の日もありました。空のいろいろな形の雲たちも見守っています。

帰宅列車のころには西に陽が傾き，やがて夜。１日の勤めを無事終えた最終列車の赤いテールランプが，安堵の向こうに消えていきます。

大自然に抱かれ走り続けた高千穂鉄道には，多くの表情がありました。高千穂へと通じる鉄路は自然と同化し，五ヶ瀬川とも一体となっていました。

そして去年の災害です。高千穂鉄道ファンとして，住まいは福岡ながら同じ九州人としてなにかお手伝いできることはないか？　高千穂の鉄道に魅せられ，国鉄時代からの足掛け30年以上撮り貯めた写真がありました。そうだ！「鉄道がある風景」の素晴らしさをたくさんの人に見てもらおう。高千穂を走る鉄道の魅力を多くの人たちに知らせたい。そうしてこの本が出来上がりました。

美しき神話の里を走る高千穂の鉄道に多くの人たちが訪れますよう。

復活後も容易な道ではないでしょう。これからも高千穂や日之影の，五ヶ瀬川流域の地元の足としても愛され，更なる発展を遂げることを願っています。

フレーッ，フレーッ！　復活「神話高千穂トロッコ鉄道」！

最後になりましたが，ご協力いただきました皆様，ありがとうございました。

平成18年３月桜咲く前に

栗原隆司

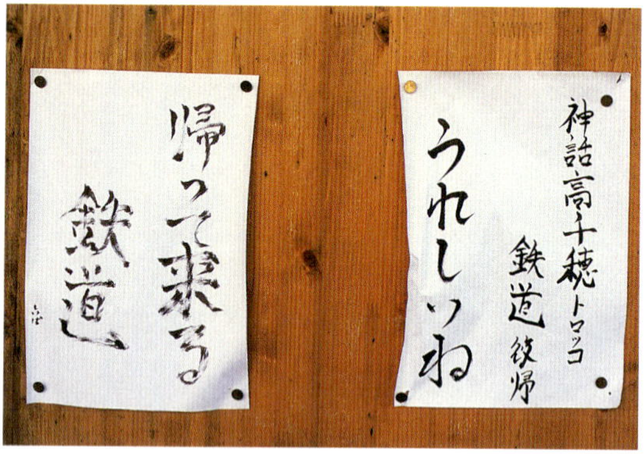

取材協力・資料提供

高千穂・日之影町のみなさん
高千穂鉄道
高千穂町役場
日之影町役場
神楽酒造
高千穂神社
この本に出演のみなさん

参考文献

『日本国有鉄道百年史』（日本国有鉄道）
『九州旅客鉄道10年史』（九州旅客鉄道）
『日之影町史』（日之影町）
『全国鉄道と時刻表』（新人物往来社）
『年鑑日本の鉄道』（鉄道ジャーナル社）
『全線全駅鉄道の旅10　九州ＪＲ私鉄2500キロ』（小学館）
月刊「鉄道ダイヤ情報」（交通新聞社）
各月刊鉄道情報誌
国鉄監修「時刻表」（日本交通公社）1985年３月号ほか

栗原隆司（くりはら・たかし）

1952年，福岡県生まれ。1970年，処女作「ドン急修学旅行列車東へ」を発表。1972年，東京写真大学（現・東京工芸大学）入学。1980−81年，真島満秀写真事務所在籍。以後，フリーカメラマン「旅ぐらふぁー」となる。1987年，日本鉄道写真作家協会加入。現在，福岡県太宰府市在住。著書に，『鉄道のある風景』，『九州・鉄道の旅』，『九州・花の旅』（以上，海鳥社），『ＪＲ特急』（講談社），『栗原写真館　鉄路叙情編』（交通新聞社），『九州ＳＬ紀行』（ないねん出版）など多数。

高千穂鉄道（たかちほてつどう）

■

2006年４月15日　第１刷発行

2023年７月15日　第２刷発行

■

著者　栗原隆司

発行者　杉本雅子

発行所　有限会社海鳥社

〒812-0023　福岡市博多区奈良屋町13番４号

電話092(272)0120　FAX092(272)0121

印刷・製本　大村印刷株式会社

ISBN 978-4-87415-574-5

http://www.kaichosha-f.co.jp

[定価は表紙カバーに表示]